JN440236

이동훈 시집

요사이 우째 지내십니껴

문학사계

머리말

시를 묶어 세상에 내놓는다는 것은 나 자신을 위한 구원의 기도일 수도 있겠다.

현실과 이상 사이에서 갈등이 몸부림에 가까운 나로서는, 내 자신 여간 고통스러운 일이 아닐 수 없다.

세상살이에 분별력과 요령이 없는 나에게 든든한 친구이자 조력자인 박기동 시인의 도움으로 첫 시집을 출간하게 되어 기쁘다.

이심전심, 물신양면으로 어려운 살림살이 해가며 내조를 해준 아내 최경순에게 사랑의 메시지를 보내며 항상 옆에서 나를 믿어준 딸 정우, 자영에게도 고마움을 표한다.

또한 시인의 길로 이끌어 주신 한국문인협회 박곤걸 부이사장께도 감사를 드리며, 특히 교통사고로 병원에서 고생하시는 아버님의 완쾌를 간절히 기도드린다.

졸시를 아름답게 서평해 준 박기동 시인에게 다시 한 번 감사를 드리며 두서없는 발간사에 대신하고자 한다.

2008년 9월

매란당 이 동 훈 書

차 례

2. 먹나비

3. 아직은 아닙니다

1

계절이 뒤따라 오라 하네

주변의 풍취 즐기며
어디로 가느냐보다
어떻게 사느냐가 중요해
푸른 시절이 앞서가니
가을계절이 뒤따라오라 하네

씀바귀

속세의 맛
씨그므리 하다해서
씀바귀로 이름했지
쓰디쓴 속세의 쓴맛
쓴맛이 제 맛이지

달면 삼키고
쓰면 뱉는 속세의 쓴맛
삭으면 제 맛이지

바람불면
홀씨 날리어
옹기종기 모여
가느다란 긴 꽃대
노란꽃 피워 꽃길 만들었지

입맛 없을 때
속세짠지입맛 돋우지

달면 삼키고 쓰면 뱉는
속세의 쓴맛

바람 불면
홀씨 날리어
옹기종기 모여
가느다란 긴 꽃대

노란꽃 피워
꽃길 만들었지

계절이 뒤따라오라 하네

푸른 소나무 이사한곳
입소문 타서 알려지기
시작한 그대의 명소
어느새 명소로 자리해
주변의 풍취 즐기며
어디로 가느냐보다
어떻게 사느냐가 중요해
푸른 시절이 앞서가니
가을계절이 뒤따라오라 하네

안개

시간이 멈추었나
사방이 어두컴컴
자욱한 안개

아침이 열릴 시간에
다소 냉기가 도는
사방이 안개바다다

아침안개이슬
그대 눈가를 적시더니
가슴까지 촉촉이 적시며
어디로 가는가

아침햇살
살짝 비쳐
자욱한 안개
가슴 열고 보라며
출근길 문을 연다

그대의 사랑

깊어가는
가을산 계곡
피어오르는 물안개
산줄기 따라
흐르는 흰구름
조용한 산사

달도 구름 뒤에 숨어
조용히 법문 듣는 고무신

속세의 찌든 마음
구름안개되어
푸른하늘로
사라져 버리면

깊디깊은
들국화 진한 향기에
가을이 깊어갈수록

점점 하얗게
피어오르는 억새
그대의 사랑

늦가을의 절정
바람 따라 하늘로
떠도는 억새꽃처럼
활활 타오르는 단풍
그대 체온은
몇 도입니까?

그대의 사랑 (2)

찬 서리
가슴에 품고
저만치서 간다.
그대 사랑이……

모든 것
내어주고
빈 마음으로
찾아 떠난 가을
그대 사랑

억새, 갈대
코스모스
단풍나무
구절초
쑥부쟁이

지금

어디에서
무엇으로
만나나

그리워지는
그대 사랑

님 마중

곱디고운 님 오신다고
울긋불긋 산야 물들이고

단순함이 풍부함 될까?
시골처녀 더 촌스럽게

사람과 사람 사이에 사연
현실보다 낭만을 꿈꾸는

아기자기한 옛 모습대로
짧지만 감미로운 옛길

어찌 보면 아무것도 아닌
곱디고운 단풍 이파리들

낙엽 깔아 가을산 정취길
새로 만들어 두었나이다

그대의 사랑 (3)

추운 겨울철
그대의 사랑이
그리워지는 계절
따뜻한 철에
우리 만나요

황량한 갈대
찬바람에
마주서서 몸
부비는 소리 들으며

화끈하게
달아오르는
모닥불처럼
타오르는 갈대
그대의 사랑

서로가 그리워

그리움에
떨고 있는
갈대처럼
부둥켜안고

누가 볼까
부끄러워
서릿발치고
날 세우는 날

시어를 낚는
사랑이 저만치서
무디어진 날에
그리워
하는 갈대

그대의 사랑

파도

푸른 물결
출렁이는 바다
검푸름 물결 위
높이 날으는 갈매기

바다 향해
그대도 따라
훨훨 날고

미더움에
취기어린 물결
파도 타고 온다

갈매기 떼
나란히 앉아
제 모습 봄에
일그러진 얼굴

파도만큼
높아진 소리에
또 다른 그대가
저 멀리 간다

바다위에
내팽개쳐진
자신이 출렁인다

부서지는
물결파도
하얀 물보라
일으키며
자신이 부서진다

방생법회

희망의 달이 뜬다

초인이 바다를 건너
청솔가지 달집 짓고
청죽을 타고 오른다

낮등에
소원 비는 촛불
자신을 태운다

달집 태우자
달집 태우자

법문 외우는
목탁소리
소원을 방생한다

청솔가지

달집이 탄다
바닷물이 끓는다

두 손 모아
비는 마음

나무아미타불
관세음보살
나무아미타불
관세음보살

바다와 독거노인

하늘 바다
맞닿은 수평선에서
밀려 왔다간 부서지고
또 밀려오는 파도
바다 자유로이 출렁인다

그 옛날에도 그랬듯이
바다에 닿은 강줄기 따라
땅속에서 물 퍼올리는
느티나무 겨울옷 벗는다

겨울철새들 줄지어
제 고향으로 가기 위해
저공 배회하고

느티나무 앞
교회당 꼭대기 십자가
느티나무 잠든 밤이면

더욱 더 선명하다

성경 읽는 느티나무 옆
먼 일가 독거노인 글씨
그대로인데 내 눈에 글씨
자꾸 멀어만 간다고 한다

느티나무와 노인
그 옛날 그랬듯이
바다처럼 늘 그 자리에서
편안히 쉴 자리 안내한다

바다와 강토

백두산이
태백준령 타고 달려
제주도 한라산 거쳐
이어도에 착지한다

바다를 연모해 달리는
산맥이 변화무쌍한 세월에
숨 고르며 허리 낮추고
바다파도와 입맞춤한다

먼 옛날 흥미로운
전설이 살아 숨 쉬는 터
여인 없이 어떻게 아이 낳느냐며

동굴 속 곰 색시 모셔와
속에서 솟아나는 생수 담은
물 항아리 인 하늘과 맞닿은
백두산천지와 한라산백록담이

민족소원 방생한다

무수한 세월 떠안고
깊디깊은 바다 물속에서
돌아 앉아 환상의
수평선 만들어낸 섬들은
여인의 가슴처럼 봉긋이 솟아

한반도에 불어 닥치는
바람과 물살 소용돌이
몸소 막으며 오랜 세월 동안
강토 지켜온 텃새 되어
해와 달과 함께 강토지킨다

봄 풍경

차가운 봄바람 맞으며
사랑에 푹 빠진 산수유
봄 산자락을 헤집고 오릅니다

꽃눈이 눈덩이처럼 불어
매년 찾아오는 그리운 그대

침묵과 말 사이를
관통하는 삶에 관한
황홀한 황사의 이야기

따스한 봄의 풍경에
대지에 사랑을 심지 않고는
견딜 수 없는 봄은
누가 불러서 오나봅니다

봄은 그렇게 우리 곁에 와
머물다가 여름을 기다립니다

풍경소리

솔향기
품어내는
외진 곳
달빛마저
머물다 가는
한적한 산사
추녀 끝

바람이
간질이고 간
풍경하나
댕그랑
소리 날쯤에
봄꽃망울
깨우는
청초한 음성
내 귀를
멀게 하는

저 아름다운
저 음성
어디로 가나
댕그랑
댕그랑

연한 잎새

한 남자가 꽃 보고 웃고 있다

여름님 타고 오시는 계절

가난 함께 하는 거미줄 인연

알밴 청보리 바람에 출렁일 때

꽃보다 아름다운 연둣빛 속잎

개나리 진달래 철쭉 목련화

봄꽃나무 잎 피어 내기 전

봄 먼저 단장 하고 늘그막에

풀 푸르게 물들이고 있다

2

먹나비

봄 산 끝자락에
화사하게 피어난
진달래꽃에

먹나비 한 마리
그 곁에 또 한 마리

오월의 꽃

달빛 춤추는 날에
뽀얀 밤 지새우는 오월

흰색 백색 하얀색
파릇파릇 푸릇푸릇

쉬운 길 놓친 뒤
언덕배기 핀
아찔한 사랑

펑퍼질러 앉은자리
독사 또아리 틀고

하얀꽃 핀 줄기마다
까시 돋친 서러움

타래타래 실린
아카시아 찔레꽃 내음

서러워 서러버라
빼꾸기 빼꾹 빼꾹 빼빼꾹

산과 산 사이
깊은 계곡 높은 산 오름

옆으로만 옆으로만
기어가는 가재걸음
잰걸음 헛디뎠던 발걸음

여름님 타고 오는
너스레떠는
담배연기 한 모금

먹나비

조용조용 취한
늘어진 봄잠

요란한 빈들
논 삼는 트랙터
초록빛 물들이는
사랑 모내기

물을 돌아
휘감아 오르는
회룡포 가는 길

봄산 끝자락에
화사하게 피어난
진달래꽃에

먹나비 한 마리
그 곁에 또 한 마리

훨훨 날아
화전놀이하고

뿡뿡다리 건너
모래알은 반짝
멀리 타는 봄산

때늦은
일요일 오후
햇살 창에
아른거릴 때

몇 신지 묻고
가는 늦봄 초여름

두견주

저 높은
철탑 위로
오늘 따라
태양이 빛납니다

겨우내 언 가슴
분홍빛으로
울긋불긋
물들이는 진달래

봄기운 스며드는
쑥 미나리 두릅으로
봄을 무치고
봄을 끓여

어하 벗님네 불러 모아
술 한 잔에 시 한 자락
함께 즐기면 좋으련만

사월의 추억

산 무늬 삐뚤 빼둘
색깔을 덧칠하고

찻잔속의 폭풍전야
달빛 고요함이다

미우나 고우나
사랑하지 않으면 안 될
소중한 사람아

산기슭에 할미꽃 피고
애기봄 아장아장 걷듯

길가엔 노오란 민들레
파아란 제비꽃 난쟁이

남루한 하룻밤의 취한
酒酊에 微笑를 머금는다

산불 비상근무

뻐연 먼 산
개나리 진달래 목련
만발하는 사월

과수원 구부러진
가지에 새싹 필 때

산비둘기 구슬피 운다
이산에서도 구구국국
저산에서도 구구국국

들려오는 전설의 애기
계집죽고 자식죽고
홀로된 홀아비 탄식소리

멀리에서 가까이에서
동서남북 여기저기

메마른 땅에
봄비 온다는 일기예보
일단은 안심이다

산불예방 비상근무
황사에 시야 흐리다

변덕쟁이

아침과 한낮에
차이 나는
일교차처럼

기쁨과 슬픔이
교차하는
찰라 인생에

순간순간
바뀌는 변덕쟁이
마음 차이는

하늘만큼
땅만큼

부활

믿게 하소서
사선을 넘은 성인의 발걸음을

이제 다시 고개 드는
따가운 시선으로 다가오는
저 차가운 기류들

철새들이 날고
열전에 열전을 거듭하는
열기를 확 식히며
형성되는 한냉전선

뭉치면 죽고 흩어지면 사는
반으로 갈라진 강토
하나 되는 날
涅槃으로 부활하는
저 무리들을 믿게 하소서

그대는 그냥 있었소

대선일 때 남들은
대통령이 되겠다고 할 때
그대는 그냥 있었소

남들은 총선일 때
국회의원 되겠다고 할 때도
그대는 그냥 있었소

지자제 선거일 때
남들은 지사 되겠다
군수 되겠다
의원 되겠다 할 때도
그대는 그냥 있었소

그대가 꿈이 커봐야
얼마나 크겠소만
저래서는 안 되겠소

남들은 한자리 하겠다고
야단법석인데
그대는 지금 뭘 하고 있소

모란싹이 돋을 때에

귀여운 고사리 손 들고 도리도리 짝짜꿍 짜꿍짜꿍 짝짝꿍
해묵어 말라버린 엉크렇게 선 꽃대 두고 새싹이 돋는다
모란꽃이 지고 말면 하냥 섭섭해서 삼백예순날 울고 있는
영랑시인이 웃고 있다 대여섯 나날 모란이 피기 까지
사랑스러운 모란싹이 보드라운 봄맞이 인사 하고 있다

봄 섬

남쪽바다 봄섬 마을은
바다가 품으로 들어오고
마을이 바다에 안기는
어머니 품처럼 넉넉하다

진달래 개나리 산수유
계절을 앞 다퉈 피우는
빨강 노랑 파랑 삼원의
완연한 원초적 봄이다

섬은 햇살을 등에 업고
온 봄꽃을 활짝 피운 채
완연한 봄을 노래할 때

사람과 마을과 자연을
잇는 거미줄 같은 길에
눈꽃처럼 하얗게 핀
목련꽃이 눈부시게
가슴을 포근하게 한다

묵언

有口無言이다

조용조용
숨쉬는 소리조차도
나서는 안 되는
自己反省이다

보고도 못 본 척
꿀 먹은 벙어리
以心傳心이다

능선을 타고 앉은
달님이 웃고 있다

시골장터

삶의 체취 물씬 풍기는
5일장 서는 시골장터

막걸리 한잔에
노곤함이 사라지는 분위기
우중충한 기분 털어 내고

봄기운에 왁자지껄한
村老들이 산과 들에서 캐온
냉이 달래 두릅 쑥 머위

향긋한 봄나물의 내음에
봄향기 가장 먼저 접하면

어느새, 봄기운이
내 몸 속으로 스며든다

저 아름다운 꽃을 보라

까마득한 날에
아스라이 떠오르는
붉은 태양을 보라

잊혀진 계절에
때 묻은 세월이 되살아나
찬란한 빛을 발휘한다

꽃이 안겨 온다는데
싫어하는 그대 보았는가

쓰러진 상징물 일으켜 세우는
저 아름다운 꽃을 보라

푸르러진 봄볕을 받아
들녘엔 春心 가득

대지의 젖가슴에서
봄기운이 달아오르고 있다

총각김치

초등시절 늘 좋아하던
동창생 하나 있었지
누구인지 밝힐 순 없지만
묵은 마음 꺼내어 들여다본다
변하거나 상했으면 어쩌지

눈 감으면
지금도 그대로 인
더벅머리
총각무우

이럴 줄 알았으면
미안하다 미안하다
아끼다 놓친 사랑
이제는 사과 해야지

잡지 못하고 얼버무린
처녀사랑 총각김치

해바라기꽃 당신

파도소리 쏴아
이어지는 해변
해돋이와 해넘이를
바라볼 수 있는

계절의 끝자락에
날씨가 흐려
한참을 기다려도
보이지 않는 당신

포기하고 돌아서는 순간
이글거리는 태양이
구름 속에서
모습을 드러냅니다

저 황홀한 노을
당신의 그림자 같은
사랑이 저렇게도

아름다운 적 있었던가요

숨쉬는 갯벌
그리고 해변과 파도를
바라보는 마음은
어느새 편안해집니다

바다는 강줄기 따라
나뭇잎에서 호흡하고
그대와 나 사이에
교감을 이끌어 내는

안개 낀 구름 속에서
영혼이 방향 잃을 때
고도를 올려 주세요
번뇌도 씻겨갑니다

날이면 날마다

좋은 일만 있다고
긍정하는 마음에
희망찬 당신이 있습니다

꽃길 걷는 그대

그대 걷는 꽃길

오가는
길은 왕도였습니다

개망초 금계국
밤나무꽃 피는

길에는 관심 없습니다.

하늘 내려앉은
반짝이는 별처럼
하얗게 핀 개망초

대명천지 한낮에
어두운 세상에만
피는 밤꽃

구십 구점 구 프로
황금빛 나는
노란꽃 금계국은

아스팔트길
중간에 이승과 저승을
경계하는 생명선이 되어

넘어서는
안 되는 생사의
갈림길에서……

지금 걷는 길은
역겨움 나는 감사에
피는 담배연기 한 모금

뜨거운 만남

비가 온다
비가 온다
온종일 비가 온다
하루 종일 비가 온다
억수 같이 비가 온다

쏟아지는 빗물
그리워 하는 이의
만남의 눈물일게다
뜨거운 만남의 표시일게다

한냉다습한
오츠크해 기단
고온다습한
북태평양 기단

뜨거운 만남
그 이름 장마전선

심하다 심하다
뜨거운 만남의 표시

비가 온다 비가 온다
오락가락 비가 온다
억수 같이 비가 온다

하루 종일 그 이튿날에도
그리고, 또, 비가
온다는 일기예보

폭우

지상의 물바다

흘러온 먹구름
하늘을 할퀴고

어두운
세상을 빗질하고

지상을 청소하고
아픈 상처를 안고

떠난
초인

무지개 뜨는 언덕

– 빗방울 바라보며–

한줄기 소낙비가 후드득
물에 빠진 새앙쥐처럼
내 몰골이야 볼게 없다
내 마음이 젖는다

소낙비는 금세
인형왕관을 만들고
인형궁전을 짓고
동그라미 그리며
원이 사라진다

숨 가쁘게 달리고서야
쏜살 같이 달리고서야

금방 강물 되어 흐른다
마음이 씻기어 간다
저 먼 언덕에 무지개 뜬다

언제 그랬냐는 듯
햇빛이 난다
그래서 웃는다

달팽이

낮 뜨거운 찜통
밤은 열대야 고단한 하루하루

겨울보다 낫다 한여름 폭염
얼어 죽을 걱정 없다

갈 곳 없는
노숙자들의 안식처 지하도

고단한 몸 누일 수 있는
역사를 지키는 사람들
설레는 맘으로 더위 반기는

멋 부린 인파 속에
또, 다른 한편 달팽이가 보인다

매미소리

금당맛질 반서울이다
전국에 소문난 십승지지

삼복더위에
용문이 뜨겁다, 못해
지글지글 볶는다

더위에 지친
금당맛질 매미들
맴맴맴 합창이다

어린애가 울면
젖 달라고 운다는데

저 매미들 왜, 저렇게
시끄럽게 우는지
용문이 시끄럽다

저 매미소리에
용문이 떠나간다
용문이 달아오른다
용문이 뜨겁다

삼복더위 매미소리에
용문이 부글부글
끓어오르는 찜통이다

꽃의 계절

꽃은
어둠에서 빛 찾아
색깔을 구분하고
계절로 말을 한다

봄 여름 가을 겨울
계절에 맞추어
꽃은 피고 지고
또 피고

꽃은 누가
시키지 않아도
피고 지고

꽃은 계절을
잊지 않고 찾아와
빨강, 노랑, 파랑, 하양

계절로
색깔 구별하고
색깔로
계절 말한다

길

길이 있다
누구나 오가는
길이 있다

길이 있다
오는 길이 있고
가는 길이 있다

길이 있다
남자가 가야할
길이 있고

여자가 가야할
길이 있다

길이 있다
가야만 할 길이 있고
가지 말아야 할 길이 있다

길이 있다
한번 가면
돌아 올 수 없는
길도 있다

거울 앞에 선 피카소

거울 앞에 선 한 남자가
자기의 아름다움에 깜짝 놀라고 있습니다
피카소가 저 세상에서 돌아와
거울 보며 자화상을 그리고 있습니다

반쪽은 온전한 모습
또 다른 반쪽은 자연히 채색된
아름다움 더한 훌륭한 문신 새기고
누가 그렇게 일부러 그리려 해도
그리기 어려운 그림에 놀라고 있습니다

추한 것도 아름다운 예술이라
피카소의 천재성을 발견합니다

희망이 있습니다
바람이 있습니다
완성에 대조되는 미완의 사랑
한 남자가 멀어져갑니다

창밖으로 걸어갑니다
다가오는 세상 밖으로 걸어갑니다

해탈

한잔의
술을 마시고
어디로 가는가?

취해서
취해서

또, 한 잔의 술
다시 한잔
또, 한잔

비틀 비틀 비틀걸음
꾸불꾸불 사족이 간다
또, 어디로 가는가?

술이 해탈 하면
물이 된다는데

술꾼이 해탈 하면
뭐가 될꼬?

가을사랑

지는 노을 속에
작별이라는 말도 하지 않고
떠난 가슴앓이 사랑이여!
눈이 시리도록 이쁜 꽃 보면
먼저 그대를 생각 합니다

있을 때 좋았다는
말은 하지 않겠습니다
가을은 슬픔만 남겨 놓고
간다는 소리 없이 떠나갔습니다

낙엽 떨어 진 이 가을에
뼛속까지 시리게 만드는
그대의 빈자리가 있을 땐
이렇게 큰 줄은 미처 몰랐습니다

애틋한 사랑으로 떨어진
낙엽은 가슴 밑동까지

아련하게 파고드는
따뜻한 님을 기다리고 있습니다

누구나 함께

누구나 때가 있다
누구에게나 때가 있다

아플 때가 있고
슬플 때가 있고
괴로울 때가 있고
가난할 때가 있다

누구나 때를 씻는다
일반인은 더러운 때를 씻고
가난한 사람은 빈 때를 씻는다

가난을 함께 하고
가난을 함께 메고
함께 가난을 벗을 때
다 함께 행복할진대……

하늘 비행기

비 오늘날 타던 오토바이 싣고
포터차 짊어지고 출근하는 아침
너절한 폐비닐 두리두리 감아
재생공장으로 향하는 마음이여

별 하나 파득파득
뜀박질하는
새털구름 반사되어
흐른 물 위로 반짝이는
별빛이 흐른다

수 백년 수령 느티나무에
밤십자가 나타나는 날이면

어린 딸이 찾는 휴대폰소리
아빠! 뭐해?
왜, 이렇게 안 와
하는 소리가

은행나무가지에 걸려
달빛 그림자를 거른다

秋想

올망졸망한 산에 울긋불긋
가을이 찾아 들면 고추잠자리
가을햇살에 일광욕하는
사과 붉게 익어 가는 계절

한여름 그늘에서 게으름 피우던
가을철은 깨어나 색깔논쟁하고
늘 푸른 줄만 알았던 솔잎도
갈비로 떨어져 밟히고 있다

한바탕 어수선하고 소란스런
황금들판에서 사랑을 수탈당한
볏짚들이 처참히 쓰러져 시드는
허기진 배를 실룩거리고 있다

침묵으로 침묵으로 저항하는
떨어진 낙엽에 푸른빛 서리고
이빨 빠진 허수아비 고개 숙여

띄우는 분노에 제 가슴 뜯는다

* 갈비: 솔잎이 떨어져서 된 낙엽. 부엌 아궁이 맬감으로 시골에서 쓰는 사투리.

비키니

가릴 것
최대한으로
가리고

드러낼 것
최대한으로
드러낸

세상에서
가장
자연스런

아름다움의 극치
비키니
입은 여인

여기에

보람과 아쉬움이
교차하는 순간
재야의 보신각종이
매를 맞으며 울고 있다

보내는 사람들은
아쉬워하고
맞이하는 사람들은
환호성을 지른다

첫 태양아 솟아라
힘차게 솟아라

당신에게 당신의
소망 전달해 드립니다

봄의 전령

겨울이 끝나기도 전에
새눈이 튼 진달래 개나리

부풀은 꽃망울이
겨울잠에서 깨고 있다

따스한 햇살에 초봄이 졸고
줄기 따라 물오르는 소리에

버들강아지 새록새록
봄단장 하며 봄을 깨운다

얼었던 강물도 소리 없이
녹아 흐르고 하나 둘
겨우내 덮고 있던
얼음장을 떠내려 보낸다

계절이 오고

계절이 가고
계절이 피는

늦동의 발꿈치에서
아지랑이 아른거리는

봄의 전령이 찾는
봄 봄 봄 그리고 봄

날개

밤안개 곰실곰실
피어나는 날에
저 높은 곳을 향하여
하늘을 날은다

아리딸딸함이야
허공을 날을 것 같은
추락하는 날개가 있다

몽롱한 그 환희
섬광이 앞길 밝히고
더 이상은 곤란해요
멈추라는 신호, 꽝이야

꿈인지 생시인지
아리숭함으로 헤매는
거울에 비친 자화상
해바라기 웃고 있다

3

아직은 아닙니다

무엇인지 모르지만
아직은 아닙니다

수박 겉핥기입니다
죽고 나서야
진실을 알런지

차마, 하지 못한 말

누구보다도
더 반가운 사람
가슴속에 살아 있는
그대를 만나고도
차마, 하지 못한 말

사랑한다
사랑한다
속으로만 생각하다

놓쳐버린 사랑
바로
그 사람이
당신……

빈 말

있어도 그만
없어도 그만

이 세상에서
가장 숭고한 언어

있으나마나한
값진 소리

빈말도 못해
사랑한다고

금용사

앞산 雲霧
두른 두류산
금용사內

피어날 듯
맺은 홍목련
봉오리

부처님
입가에 띠우는
미소처럼

웃음 짓는
비구니 스님

서울의 봄

남산도 북악산도
그 옛날 그대로
한강은 흐르는데

그날 밤 취한 그 곳에는
고향 까마귀 만나서
잃어버린 기억을 찾는다

칠흑 같은 그림자를 드리우고
궂은 세상에 천둥소리
쾅쾅거리는 암흑의 밤에

봄철 물들이는
노랑 개나리
굳게 입 다문
서울의 봄은

산수유도

진달래도
하얀 목련도
서울에 봄소식을 힘겹게 전하고 있다

잔난노나

모든 사람이
나를 우러러 보고 있습니다

모든 사람이
나를 바보라고 놀리고 있습니다

그러나
나는 조금 모자랄 뿐 완벽합니다

다른 사람이 나를 성가시게 굴면
나는 잔난노나라고 야단치며

그래도 안 될 때는
이띠빨노미 논니나라고

화를 내고 오두바라 시와 하래이
어래카노 도로 놀리지요

* 도로: 거꾸로

ps: 정신지체 장애인 친구가 한 말인 시 한편입니다. 우리 모두 장애인을 사랑합시다.

밴댕이

밴댕이 속이다
밴댕이 속이다
밴댕이 소갈머리

황해와 같은
마음 씀씀이

밴댕이 속에
비할까 마는

그렇다고
밴댕이 속 좁다고
욕 하지마라

밴댕이는 적어도
그대 맘처럼
넓은 바다에 사는
금어족이다

예 보

기압이다

온몸이
욱신욱신

뭐가
오려는지

온몸이
예보한다

감꽃

누런 보리 까실까실
바지춤 타고 오를 때

해마다 이때쯤이면
고향에 노란 감꽃 피었지

올해도 고목나무에서
노란 감꽃 피었다

뻐꾸기 우는 시골에
감꽃만 떨어져 있을 뿐

유년시절 정감어린
고향은 어디로 갔는지

장꽁이 날개 푸덕이며
목청 높여 부르고 있다

백로가 나는 논배미

일용 할 양식이 자라는 들녘에
당신이 거기서 김을 매고 있습니다

백의민족의 기상을 가지고
성큼성큼 이랑 사이 김을 매고 있습니다

거기에 당신의 손길 없이는
자라날 수 없는 일용 할
양식이 자라고 있습니다

푸르름이 더해가는
천봉답 논배미에

백로가 날개짓을 하며
힘차게 날아오르고 있습니다

* 천봉답: 하늘만 쳐다보며 비가 와야 농사를
지을 수 있는 논을 말함

당신의 고충

옛부터 내려 온
풍습과 전통
예법을 중시한다

혼자서 계시는
아버지께 아부지요
요사이 우째 지내십니껴

몸 좀 괴로운 건
아무 것도 아니다
마음 편한 게 제일이다

그 말씀 한마디에
당신의 고충 다 들어 있습니다

부모께 효도하는
길은 마음 편안하게

하는 게 중요하지
형식은 그 다음

사랑으로

슬픔이 사랑을 잃고
우뚝 선 그대에게 축하드립니다
사랑이 아픔 된다는 것 미처 몰랐어요

사랑의 원천은 아픔에서 시작되고
그 아픔 환희로 돌아와 미소 지을 때
아마, 미움이 사랑으로 전해졌으리
달콤한 아픔은 사랑으로 잉태되어
주위를 감싸며 윙윙 소리 내어 날고
영광스런 훈장으로 빛 발하고 있소

주워 담아도
주워 담아도
비워져만 가는
허전한 맘은 왜 일까요?

아직도 못 다한 사랑 때문인가요
그 아픔 보신될 약이라면

그 아픔 생각지 마옵시고 많이많이 주옵
소서!

소문난 잔치

원성을 분출하는
분수대 물줄기처럼
저 높은 분노

땡볕나절 아스팔트 열기에
오르는 열
받을 필요 없다

손님 많다고
자랑하지 마라
소문난 잔치 볼 거 없다

가을손님

밤 기온이
이십오도 삼십도
전국이 열대야!
잠 못 이루는 밤

밤사이
주룩주룩 내리는 비
한여름 같은 무더운 밤

비 그친 뒤
대륙에서 찾아온 손님
아침저녁으로
선선한 가을 날씨

열대야!
물러 가거라
가을손님 오셨다

가을 로맨스

날개 파닥이는
그물 줄무늬
잠자리 비행이다

빨간고추 끝
가을의 전령사
고추잠자리 한 쌍

날이면 날마다
사랑을 꿈꾸는
저 잠자리는

결실의 계절에
훨훨 어디론가
떠도는 가을 로맨스

아직은 아닙니다

아직은 아닙니다
아직은 아닙니다

무엇인지 모르지만
아직은 아닙니다

수박 겉핥기입니다
죽고 나서야
진실을 알련지

너무나도
왜곡된 사회
진실이 통하지 않는 사회

가짜가
배회하는 판을 치고
아! 대한민국~~~~
아직은 아닙니다

가을 친구

이별의 순간이다

갈대가 되니
억새가 친구 하자며

바람이 불면
으악으악 울고 있다

안개 속에서

안개가 어둠을 타고
찾아 드는 새벽아침
저 멀리 아스라이
들려오는 기차소리

어둠 속으로 질주하는
세월 따라 안개 속으로
기차가 달립니다

산등성이 말간
아침 해는 은빛쟁반 같이
공중에서 빛나고 있습니다

무지개빛 내리는
아침안개가 저토록
아름다울 줄은 몰랐습니다

쌀쌀한 가을안개에

가슴 촉촉이 적신
분간 할 수 없는 시야

떼 지어 오는 무리안개에
간간히 보이는 산야는
숫처녀 치마 벗듯
아랫도리를 드러냅니다

얼굴 내민 아침 해는
낮달 되어 안개 속에서
질주하는 찬바람을 맞고

마음 적신 가을남자
안개 바짓가랭이에
촉촉한 가을이슬 맺혔습니다

개나리꽃

에그머니, 입동 지난
초겨울에
개나리꽃 피었다

미시령에 첫눈이
왔다는 소식을 개나리는
듣지도 보지도 않았나 보다

공군부대 정문 앞
울타리 띄엄띄엄
긴 가지 개나리꽃 피었다

이상난동이다
피어나야 할 때 구별 못하고
철없이 피는 개나리

점잖은 나리가
시도 때도 없이 바람 피워

개 나리가 되었나 보다

에그머니, 입동 지난
초겨울에
개나리꽃 피었다

한파

대선열기에 뜨거울 나라가
밤사이에 때 이른 한겨울
한파가 시작됩니다
올가을 들어 처음으로
기온이 영하로 뚝 떨어졌습니다

낮에도 기온이 오르지 못하고
찬바람 때문에 체감온도는
더 춥게 느껴집니다
내일은 오늘보다도
더 한파랍니다

모래부터는 기온이 오르겠지만
북쪽의 냉랭한 손님이 내려오면서
계속해서 추울 거랍니다
오늘은 대체로 맑겠지만
날궂이 하는 곳도 있답니다.

피 끓는 젊은이
일자리도 한파고
달동네 살림살이도 한파
왠지, 이래저래
씁쓸한 초결 늦갈입니다

아무 생각 없이 걷는 길

오늘은 시간을 거슬러 올라가 봅니다
선인들이 걷던 그길 따라 걸어 봅니다
마음에 지름길이라 무심하게 걷습니다

빠른 길이라고 들어선 오백이잿길
산토끼 멧돼지 오소리 너구리 다닌
오솔길 낙엽이 바스락 소리 난다고
조용히 걸으라며 야단을 막칩니다

상전도 보고 옛날 春窮期 시절
보릿고개 밑에 살던 내가 좋아하던
지금은 할멈이 되었을 소녀를 닮은
짚단 묶는 시골아낙도 보았습니다

차로 십오 분이면 족할 길을
두 시간이나 넘게 걸어갑니다
아무도 가지 않은 길을 걷습니다
시간의 걸림이 거리의 長短입니다

머리가 나쁘면 손발이 고생한다고
아인슈타인 상대성원리가 떠오르고
자연으로 돌아가라는 노자 말이
오늘처럼 이렇게 생각난 적 없습니다

추녀

끝자락 이다
수정고드름 달고
멋을 부린다

그 어디
내어 놓아도

첨단을 걷는
저 아름다움

농 짙은 사내
마음 설레게 하는
저 고분 마음씨

오두막집
초가지붕에
반달이 떴다

무너진 사랑탑

대륙에서 불어오는
차가운 고기압 영향으로
체감온도는
온몸을 옴츠리게 만듭니다

전국적으로 기온이
큰 폭으로 떨어져
강추위를 몰고 왔습니다

자존심도 무너지고
가슴도 시커멓게 타들어간
검게 그을려 무너진
사랑 받던 국보 숭례문 보러

중국 네이멍구에서
반갑잖은 황사도 오고
차가운 동장군도 온다고 합니다
사랑도 흥정 대상입니까?

민족혼의 표상이던 남대문
다만, 부끄러운 마음에서
낮은 곳으로 임하는 몸을
더욱 옴츠리고 낮추게 만듭니다

달맞이

바다 끝 저쪽
수평선에
그리움이 비친다
보름달이 뜬다

달맞이 언덕에서
옹기종기 모여
보름달 보는 사람들

수평선에
보름달이 뜬다
희망이 솟는다

땅엔 평화
하늘엔 영광
달맞이 간다

□ 해설

자신을 향한 새로운 허물벗기

박 기 동

시인 · 문학평론가

이동훈 시인의 첫 시집 출간을 축하한다. 그가 문단에 얼굴을 내민 지는 일천하지만 나는 그와 50년이 넘는 죽마고우이기도 하고 더불어 그가 인생경로에서 겪은 숱한 역경을 곁에서 바라보고 함께하였기에 새삼 그에게도 나에게도 축복받을만한 가치가 있다고 보아 눈물겹고 고맙기 그지없다.

비록 주마간산이 될지 모르지만 이 시집을 읽는 독자의 입장보다는 그와 평생을 같은 길로 간다는 친구로서, 이동훈 시인이 바라보는 심상을 통해 전해지는 메시지는 무엇인가, 또한 그가 지닌 영감으로 탄생시킨 詩 전반에 흐르는 시적 감동은 어디에 있는가를 살펴보고 견해를 밝히고자 한다.

'詩는 삶의 표현이다'라고 한다. 물론 시를 통해서 들려주는 그의 깊이 있는 내면을 모두 헤아릴 수 없지만 작품 해설에 앞서 언급하면 그는 타고난 선한 심성과 담백함으로 시에 온기를 불어넣기도 하고 때론 세상을 비웃는 듯한 격한 감정을 여과없이 표현한 주정적 감정의 세계를 펼쳐 보이기도 한다. 삶에 대한 남다른 열정과 성찰로 자신이 지닌 고뇌의 울림이 들리고 또한 끊임없이 다가오는 새로움을 향한 허물벗기를 시도하고 있다.

사실 이동훈 시인은 괴짜이다. 다시 말해 기인奇人이라고도 할 수 있다. 이것은 무엇인가. 고뇌의 울림과 허물벗기를 향하여 몸부림에 가까운 감정 몰입에 대한 전이이며, 詩를 통해 우리들 마음에 이입시켜 그가 갇혀있는 단단한 각질을 스스로 훌훌 털어버리는데— 기꺼이 함께 하기로 하고, 덧보태어 그만이 지닌 독특한 심적 체취를 이 시집에서 다루어 보고자 함이니 오해 없기를 바라며 그 작품들을 구체적으로 살펴보기로 한다.

1. 정감어린 詩 속에 뼈를 심고
–세상살이가 말처럼 쉽지 않다

수많은 시인들이 꽃을 노래했고 지금 이 시간에도 노래하고 앞으로도 꽃은 시인들의 시 속에서 피고 지고 또 다른 모습으로 생겨날 것이다. 이동훈 시인의 시에서도 꽃은 시인의 마음 밭에 씀바귀 개나리 감꽃이 심상을 따라 피어나고 꽃을 찾아 나비가 날고 있다.

속세의 맛
씨그므리 하다해서
씀바귀로 이름했지

쓰디쓴 속세의 쓴맛
쓴맛이 제 맛이지

달면 삼키고
쓰면 뱉는 속세의 쓴맛
삭으면 제 맛이지

바람불면
홀씨 날리어
옹기종기 모여
가느다란 긴 꽃대
노란 꽃 피워 꽃길 만들었지

입맛 없을 때
속세짠지입맛 돋우지
달면 삼키고 쓰면 뱉는
속세의 쓴맛

바람불면
홀씨 날리어
옹기종기 모여
가느다란 긴 꽃대
노란꽃 피워
꽃길 만들었지

— 「씀바귀」 전문

씀바귀하면 말함과 동시에 입안에 쓴맛이 고인다. 씀바귀의 쓴맛은 봄철 입맛이 없을 때 입맛을 돌게 하고 쓴 것은 몸에 좋다는 말도 있다.

시 「씀바귀」의 모습에서 일반 서민들의 생활이 느껴진다. 그들이 억울하고 부당한 일에 부대끼며 스스로의 길을 꽃길로 걸어가는, 권세나 유혹에 물들지 않은 모습에서 숱한 애환과 함께 당당함도 느껴지는 것은 세상살이가 말처럼 쉽지 않기 때문이며 그런 면에서 씀바귀는 나름대로 시인의 진실함을 담고 있다.

「개나리꽃」은 봄이면 울타리를 따라 피어나는 흔한 꽃이다. 꽃이 피면 열매가 있기 마련인데 개나리의 열매 없음이 문득 궁금해진다. 이동훈 시인의 시를 따라 개나리, 개 나리 읽으며 제 본분을 잊으면 꽃이나 사람이나 사람들의 손가락질에서 벗어날 수 없음을 본다.

에그머니, 입동 지난
초겨울에
개나리꽃 피었다.

미시령에 첫눈이
왔다는 소식을 개나리는
듣지도 보지도 않았나 보다

공군부대 정문 앞
울타리 띄엄띄엄
긴가지 개나리꽃 피었다

이상난동이다
피어나야 할 때 구별 못하고
철 없이 피는 개나리

점잖은 나리가
시도 때도 없이 바람 피워
개 나리가 되었나 보다

에그머니, 입동 지난
초겨울에
개나리꽃 피었다.

―「개나리꽃」 전문

여하튼 곱고 아름다운 말에도 개가 붙으면 어찌하여 개가 되는지…. 지구의 온난화로 꽃이야 서둘러 핀다고 하지만 사람에 있어서야 그와 달라야 됨을 시인은 개나리와 개 나리를 앞에 내세워 구분 하고자 했음이다.

「감꽃」과 「먹나비」에서는 시인의 고향을 엿볼 수 있다.

고향에서의 유년의 모습을 회상하며 동네를 한바퀴 돌아보는 시인의 눈을 만날 수 있다. 「감꽃」에서 "장꽁이 날개 푸덕이며 목청 높여 부르고 있다" 시인은 자신의 목소리에 귀를 기울이고 있는 듯 그 자리에 서 있음이다.

누런 보리 까실까실
바지춤 타고 오를 때

해마다 이때 쯤이면
고향에 노란 감꽃 피었지

올해도 고목나무에서
노란 감꽃 피었다

뻐꾸기 우는 시골에
감꽃만 떨어져 있을 뿐

유년시절 정감어린
고향은 어디로 갔는지

장꽁이 날개 푸덕이며
목청 높여 부르고 있다

— 「감꽃」 전문

「먹나비」에서 풍경과 풍경이 아른아른 꼬리에 꼬리를 물고 이어져 취한 듯하다. 그런가하면 회룡포 물굽이를 따라 휘돌아 화사하게 펼쳐져 아름다움은 한층 극에 달한다. 그곳에 햇살과 봄의 소리와 연분홍 진달래가 피어있음에야 말해 무엇 하리.

조용조용 취한
늘어진 봄잠

요란한 빈들
논 삼는 트랙터
초록빛 물들이는
사랑 모내기

물을 돌아

휘감아 오르는
회룡포 가는길

봄산 끝자락에
화사하게 피어난
진달래꽃에

먹나비 한마리
그곁에 또 한마리
훨훨 날아
화전놀이 하고

뿅뿅다리 건너
모래알은 반짝
멀리 타는 봄산

때 늦은
일요일 오후
햇살 창에
아른거릴 때

몇 신지 묻고
가는 늦봄 초여름

— 「먹나비」 전문

이동훈 시인이 들려주고자 하는 말은 세상과 마주하며 모순투성일 수도 있고 삶의 소중한 경외의 대상일 수도 있겠다.

그가 사물을 바라보며 느낀 인식으로

「씀바귀」, 「개나리꽃」 등의 작품에서 그는 달고 쓴 그리고 다시 삭으면 제 맛으로 다시 옹기종기 모여 노란 꽃길 만드는 삶의 순환을 노래한다.

또한 개 나으리(?)에서 그가 바라보는 시각은 다소 가소롭기도 하지만 뭔가 하고 싶은 말을 다할 수 없는 것을 차라리 詩로 표현하고 있음을 짐작할 수 있다.

달면 삼키고
쓰면 뱉는 속세의 쓴맛
삭으면 제 맛이지

– 중략 –

옹기종기 모여
가느다란 긴꽃대
노란꽃 피워 꽃길 만들었지
– 「씀바귀」 중에서

피어나야 할 때 구별 못하고
철 없이 피는 개나리

– 중략 –

시도 때도 없이 바람 피워
개 나리가 되었나 보다
– 「개나리꽃」 중에서

이동훈 시인은 그가 지닌 정감어린 심상으로 세상을 관조한다. 하지만 그에게도 세상살이는 말처럼 쉽지 않다. 시속에 뼈를 심은 까닭을 확인해 볼 수 있다.

그러나 감상에는 무리가 없다 하더라도 시인의 시적 긴장과 묘사 등등이 아쉽기도 하다.

2. 맑고, 흐림
–이 시대를 사는 우리 모두의 탓이 아닌가

그는 일기에 민감하게 대응한다. 짐작컨대 시인이 사는 낙동강 주변은 기상에 민감한 지역이고 또한 농촌에서 자란 시인의 어릴 적 경험이라 볼 수 있다. 농경과 일기와의 밀접한 관계에 따른 농부의 일희일비—喜—悲의 환경에 자란 탓일 수도 있음을 짐작한다.

詩를 통해 그는 사회의 전반적 괴리를 드러내고자 한다. 사회전반에 흐르는 기압은 곳곳에 영향을 주며 원하든 원치 않든 직접 또는 간접으로 관여하며 살 수밖에 없다. 그러면서 생기는 괴리감을 「한파」, 「예보」에서 짚어본다.

대선열기로 뜨거워야 하는데 도리어 얼어붙는 냉소는 어디에서 비롯된 것인지, 구태여 누구의 잘못이라고 말하지 않음은 이 시대를 사는 우리 모두의 탓이 아닌가, 되묻고 있음이다.

시간이 멈추었나
사방이 어두컴컴
자욱한 안개

아침이 열릴 시간에
다소 냉기가 도는
사방이 안개바다다

아침안개이슬
그대 눈가를 적시더니
가슴까지 촉촉이 적시며
어디로 가는가

아침햇살
살짝 비쳐
자욱한 안개
가슴열고 보라며
출근길 문을 연다

— 「안개」 전문

밤안개 곰실곰실
피어나는 날에

저 높은 곳을 향하여
하늘을 날은다

아리딸딸함이야
허공을 날을 것 같은
추락하는 날개가 있다

몽롱한 그 환희
섬광이 앞길 밝히고
더 이상은 곤란해요
멈추라는 신호, 꽝이야
꿈인지 생시인지
아리숭함으로 헤매는
거울에 비친 자화상
해바라기 웃고 있다

— 「날개」 전문

대선열기에 뜨거울 나라가
밤사이에 때 이른 한겨울
한파가 시작 됩니다
올가을 들어 처음으로
기온이 영하로 뚝 떨어졌습니다

낮에도 기온이 오르지 못하고
찬바람 때문에 체감온도는
더 춥게 느껴집니다
내일은 오늘 보다도
더 한파랍니다

모래부터는 기온이 오르겠지만
북쪽의 냉랭한 손님이 내려오면서
계속해서 추울 거랍니다
오늘은 대체로 맑겠지만
날궂이 하는 곳도 있답니다.

피 끓는 젊은이
일자리도 한파고
달동네 살림살이도 한파
왠지, 이래저래
씁쓸한 초겯 늦갈입니다

—「한파」 전문

기압이다

온몸이
욱신욱신

뭐가
오려는지

온몸이
예보한다

—「예보」 전문

자연의 일부인 우리는 환경을 떠나서 잠시도 살지 못한다. 시인은 이미 자신의 몸으로 그날의 일기를 감지하는 초월적 능력도 지니고 있다. 아침에 일어나 날씨를 살피는 일로 하루를 맞는다고 해도 과언이 아니다. 아이러니하게도 그는 「안개」를 "가슴 촉촉이" 맞이하면서 동시에 "어디로 가는가" 반문한다. 시간이 멈추었으면 하는 바람은 때에 따라서는 더욱 간절해진다. 뿌옇게 안개가 낀 창밖은 곧 시인이 맞닥뜨려야할 시간이며 그 이후의 공간을 암시한다. 그는 부양해야할 가족을 안개 속에서 보고 또한 아내의 성화에 미치지 못하는 졸장부이기도 함을 이 순간 떠올렸을지 모른다. 안개 속에 비치는 아침햇살을 바라보며 목구멍이 포도청이다, 출근길 희망찬 발걸음을 내딛는다. 그의 가족에게는 갸륵한 가장이지만 그에게는 고통일 게다. 아니, 누구나 그런 경험을 한다.

「날개」에서 "밤안개"는 자연현상이라기보다는 내면의 안개로 읽혀진다. 전봇대 앞에서의 모습을 거울 속에 빙그레 웃고 있는 해바라기로 자신을 바라본다. 그는 오늘도 퇴근시간에 꿈을 꿀 지도 모른다. 비몽사몽으로 비춰지는 자화상에 가족이 각인되고 있음이니…. 이대로라면 그는 누구에게도 방해받고 싶지 않을 것이다. 퇴근길 기분 좋게 취한 이가 금방이라도 손에 잡힐 듯하다.

3. 마음으로 난 길에 피어 있는 詩

그의 인생도 이제 가을로 접어들었음을 알 수 있다. 「그대의 사랑」에서 "찬 서리/가슴에 품고/저만치서 간다"라고 시인은 먼 여로를 사랑하였고 그 뜨거운 사막을 지나 이만치 걸어왔다.

본디 인생이란 태어날 때부터 죽음에 이르는 외통수 길이니 되돌아간다고 해봐야 앞으로 내딛는 길임을 그가 왜 모르겠는가. 이제는 삶을 관조하며 자신에서 얼마큼의 거리를 두고 소중한 것에 대한 나름의 배려가 詩에 녹아 있음이다.

「그대의 사랑」이 꺼질 듯 꺼지지 않는 불씨로 가슴 한편에 노을처럼 걸려있다면 친구와의 이별을 노래한 「가을 친구」에서는 이별도 하나의 순리로 맞이하고 있다.

가을을 닮은 이별은 계절만큼이나 곰삭고 성숙하다. "갈 때가 되니 억새가 친구하자며" 바람손짓에 따라간 친구를 회상하고 그 쓸쓸함 뒤에 잔잔한 미소를 머금게

한다.

찬 서리
가슴에 품고
저만치서 간다
그대 사랑이……

모든 것
내어주고
빈 마음으로
찾아 떠난 가을
그대 사랑

억새, 갈대
코스모스
단풍나무
구절초
쑥부쟁이

지금
어디에서
무엇으로
만나나

그리워지는
그대 사랑

－「그대의 사랑(2)」 전문

이별의 순간이다

갈대가 되니
억새가 친구 하자며

바람이 불면
으악으악 울고 있다

－「가을 친구」 전문

「아무 생각 없이 걷는 길」은 그의 천성을 연상케 한다. 마음은 보이지 않지만 마음으로 난 길에 피어 있는 시인의 마음을 살펴볼 수 있다.

옛날로 거슬러 올라가다 다시 현실을 회자하며 걷는 마음으로 난 길은 참으로 아름답다. "차로 십오 분이면 족할 길을/ 두 시간이나 넘게 걸어갑니다" 문명의 편리함에서 벗어나니 비로소 자연과 하나 되어 자신을 깊이 들여다보는 마음으로의 산책에서 만난 시인의 목소리에는 생기가 느껴진다.

오늘은 시간을 거슬러 올라가 봅니다
선인들이 걷던 그길 따라 걸어 봅니다
마음에 지름길이라 무심하게 걷습니다

빠른 길이라고 들어선 오백이 잿길
산토끼 멧돼지 오소리 너구리 다닌

오솔길 낙엽이 바스락 소리 난다고
조용히 걸으라며 야단을 막칩니다

상전도 보고 옛날 春窮飢 시절
보릿고개 밑에 살던 내가 좋아하던
지금은 할멈이 되었을 소녀를 닮은
짚단 묶는 시골아낙도 보았습니다

차로 십오 분이면 족할 길을
두 시간이나 넘게 걸어갑니다
아무도 가지 않은 길을 걷습니다
시간의 걸림이 거리의 長短입니다

머리가 나쁘면 손발이 고생 한다고
아인슈타인 상대성원리가 떠오르고
자연으로 돌아가라는 노자 말이
오늘처럼 이렇게 생각난 적 없습니다
－「아무 생각없이 걷는 길」 전문

예부터 내려 온
풍습과 전통
예법을 중시한다

혼자서 계시는
아버지께 아부지요
요사이 우째 지내십니꺼

몸 좀 괴로운 건
아무 것도 아니다

마음 편한 게 제일이다

그 말씀 한마디에
당신의 고충 다 들어 있습니다

부모께 효도 하는
길은 마음 편안하게

하는 게 중요하지
형식은 그 다음

— 「당신의 고충」 전문

이동훈 시인은 효자이다. 그는 형님이 일찍 돌아가시고 어린 조카와 여동생 등을 돌보며 이루 형언할 수 없는 그 만의 삶의 그림자를 안고 다닌다. 그의 가슴에는 숭숭 뚫린 바람구멍이 크게 나있다.

그는 이 가슴구멍으로 세상 모두를 여과시키면서 살았다고 해도 과언이 아니다. 이제 홀로 지내시는 아버지를 의식해서인지 고향 면사무소에서 어려운 가정의 도우미인 사회복지사로 근무한다. 낡은 오토바이를 타고 간혹 아버지 계신 마당 앞을 지나치게 되리라.

언제가 하신 아버지의 말씀을 되새기는 그의 일상의 단면을 읽으며 요즘 사회에서 이슈가 되고 있는 효의 현주소를 다시금

떠올리게 된다.

일부 부유층의 이야기이지만 똑똑한 자식을 외국유학 보내고 나니 거기서 분가해 효를 하기는커녕 애지중지 키워놓은 자식이 부모를 외면한다는 신문기사를 대하면 눈살이 찌푸려진다.

농경사회에서 효孝란 무엇인가. 땅을 갈아 양식을 생산하여 부모님을 봉양하는 것이 효의 근본으로 상형문자에 박혀 있지 않는가.

이제 그 또한 아들이며 아버지로 「당신의 고충」에서 들려주는 "몸 좀 괴로운 건/ 아무 것도 아니다/ 마음 편한 게 제일이다"라는 부분은 가슴 뜨끔한 필자와 우리 모두가 귀담아 들을만하다 하겠다.

4. 시인 자신이 그린 자화상에 대하여

이동훈 시인이 거울 앞에 서 있는 자신을 거울 안에서 바라보는 자화상이라 하겠다. 「거울 앞에 선 피카소」를 읽으며 스스로 자신의 동일 인물과 또 다른 타자를 발견한다. "거울 앞에 선 한 남자가/ 자기의 아름다움에 깜짝 놀라고 있습니다/ 피카소가 저 세상에서 돌아와/ 거울 보며 자화상을 그리고 있습니다" 일면 자신의 경계를 허물고 바라보며 또 다른 일면을 생각하는 현실에서 상처 난 얼굴을 마주하는 그의 모습이 애처롭기도 하고 웃음을 자아내게도 한다. 나 또한 보태거나 감춤 없이 다음 글을 잇는다.

거울 앞에 선 한 남자가
자기의 아름다움에 깜짝 놀라고 있습니다
피카소가 저 세상에서 돌아와
거울 보며 자화상을 그리고 있습니다

반쪽은 온전한 모습
또 다른 반쪽은 자연히 채색된
아름다움 더한 훌륭한 문신 새기고
누가 그렇게 일부로 그리려 해도
그리기 어려운 그림에 놀라고 있습니다

추한 것도 아름다운 예술이라
피카소의 천재성을 발견합니다

희망이 있습니다
바람이 있습니다
완성에 대조 되는 미완의 사랑

한 남자가 멀어져 갑니다

창밖으로 걸어갑니다
다가오는 세상 밖으로 걸어갑니다.
　　　－「거울 앞에선 피카소」 전문

다음의 시는 분명 술[酒]시다. 취한 김에 비틀비틀 넘어지거나 세상을 향해 꼬부라진 소리도 할법한데 그렇지 않다. 그렇지 않음에 대하여 좋은지 나쁜지 여기서는 언급하지 않기로 하고 친구인 이동훈 시인을 따라 술시를 읽어보기로 한다. 몇 번을 읽으며 취해보리라, 마음먹은 취기마저 사라지고 머리가 맑아 옴은 왜인가? 나 자신에게 의문이 생긴다. 앞에서 언급한 술시를 욕심 없는 시라고 고쳐 읽고나니 의아함이 조금은 풀린다. 나 역시 이시를 대하며 해탈하고 있는가? 자아반성은 뒤로 미루기로 한다.

한잔의
술을 마시고
어디로 가는가?

취해서
취해서

또, 한 잔의 술
다시 한잔

또, 한잔

비틀 비틀 비틀걸음
꾸불꾸불 사족이 간다
또, 어디로 가는가?

술이 해탈하면
물이 된다는데

술꾼이 해탈 하면
뭐가 될꼬?

–「해탈」 전문

비 오는 날 타던 오토바이 싣고
포터차 짊어지고 출근하는 아침
너절한 폐비닐 두리두리 감아
재생공장으로 향하는 마음이여

별 하나 파득파득
뜀박질하는
새털구름 반사되어
흐른 물 위로 반짝이는
별빛이 흐른다

수 백년 수령 느티나무에
밤십자가 나타나는 날이면

어린딸이 찾는 휴대폰소리
아빠! 뭐해?

왜, 이렇게 안 와
하는 소리가
은행나무가지에 걸려
달빛 그림자를 거른다

—「하늘 비행기」 전문

여기서부터 이야기의 실마리를 잡아야겠다. 「하늘 비행기」 중 "수 백년 수령 느티나무에/ 밤십자가 나타나는 날이면// 어린 딸이 찾는 휴대폰 소리" 그는 십자가에 매달린 예수를 찾아 회개의 기도를 드리고 있을 것이다. 고철이 된 오토바이의 재생과 딸을 생각하는 마음의 대비를 통해서 시인은 화석 같은 은행나무에게 되묻는다. 자신의 그림자를 되밟고 가기위해 그리고 새로운 마음다짐을 위해 자화상을 걸어두고 굳게 맹세하였을 것이다.

5. 맺는 말

끝으로 이제 50년 죽마고우에게 따귀 맞을 짓이나 해야겠다. 평생을 함께 문단의 길을 걷고자 하는 마음에서 쓴다. 그의 詩 일면만 보고 혹자들은 천방이니 지축이니 하는 평자들도 있다. 하지만 그의 시는 진솔한 서술형식을 취하고 있어 가볍고 더없이 친근한 시로 평가받을 수는 있겠다. 가볍다는 말은 바둑에서도 그렇지만 시단에서도 수준급의 수이다. 여기서 가볍다는 말은 공허하다는 뜻이 아님은 두말할 필요가 없다.

시인은 언어를 함부로 다루어서는 안 된다. 또한 언어의 틀에 매이거나 형식에 치우쳐서도 안 될 것이다. 사르트르는 "시인은 언어 밖에 있는 것이다"라고 하였듯이 보편적 객관성을 확보해야 하며 그 안에 자신만의 독창성이 깃들어 있을 때 감동과 공감을 불러일으킨다. 또한 시적 긴장감의 결여에 대한 고민과 이미지 구축 그리고 언어의 조탁이 필요하다. 시어는 백사장의 모래처럼 널려 있지만 상징과 은유는 광맥과 같아서 보이지 않는 곳에서 빛을 발한다. 이를 발견하여 다이아몬드처럼 갈고 닦는 세공작업을 거쳐야 하고 이를 다시 직물처럼 조밀하게 짜야한다. 시인이 누릴 수 있는 행복이 아닌가. 그런 의미에서 자신과의 싸움을 권유하는 친구의 충고를 이동훈 시인은 이해해 주기 바란다.

이동훈 시인의 첫 시집은 그가 그동안 씀씀이 저장해둔 삶의 한을 표출해 세상에 내놓았다고 본다. 인간이란 자기 흔적을 남기는 존재이다. 아마 그는 숙명처럼 다가오는 독백을 감당하기 어려워 시라는 큰 틀 속에서 꿈틀거리며 헤집고 다녔을 것이다. 구원과 좌절의 틈새에서 노도와 같이 일어나는 절규를 갈무리하며 쓴 그의 순수성에 의미를 둔다. 그래서인지 그의 시에는 욕심이 없다. 그가 지닌 '순수한 눈빛'이 그를 마음으로 난 길에 피어 있는 詩로 이끌었다고 본다. 욕심이 없다는 것은 좋게 말하면 시를 쓰기 위해 쓴 억지시가 아니라는 말이 될 수 있다. 그렇게 볼 때 취중진담처럼 나와 또 다른 내가 빚어내는 갈등구조에서 희망을 읽을 수 있다. 그 희망이 자신에게 하는 말에서 그치지 말고 밖으로 소리 나는 목소리가 되었으면 하는 바람은 나의 지나친 욕심일까. 다시 한 번 첫 시집의 출간을 진심으로 축하하며 그동안 그의 가슴에 숭숭 뚫린 구멍에 마침표를 찍는다.

이동훈 시집 요사이 우째 지내십니껴

초판인쇄 2008년 9월 16일
초판발행 2008년 9월 16일
지 은 이 이동훈
발 행 인 황송문
펴 낸 곳 문학사계
주　　소 서울특별시 영등포구 문래6가
56-1 미주프라자 102호
전　　화 (016)561-5773
팩　　스 (02)2637-9759
이 메 일 songmoon12@hanmail.net
등　　록 2005년 9월 20일
제318-2007-000001호

값 7,000원

배포처 자유문고 (02)2637-8988